Bibliografische Information der Deutschen Nationalbibliothek:

Die Deutsche Bibliothek verzeichnet diese Publikation in der Deutschen National-
bibliografie; detaillierte bibliografische Daten sind im Internet über http://dnb.d-
nb.de/ abrufbar.

Impressum:

Copyright © 2017 GRIN Verlag
Druck und Bindung: Books on Demand GmbH, Norderstedt Germany
ISBN: 9783668818798

Dieses Buch bei GRIN:

https://www.grin.com/document/444816

Vanessa Jaschner

Sensation Seeking, Eigenschaften und Zustände, Intelligenz

GRIN Verlag

GRIN - Your knowledge has value

Der GRIN Verlag publiziert seit 1998 wissenschaftliche Arbeiten von Studenten, Hochschullehrern und anderen Akademikern als eBook und gedrucktes Buch. Die Verlagswebsite www.grin.com ist die ideale Plattform zur Veröffentlichung von Hausarbeiten, Abschlussarbeiten, wissenschaftlichen Aufsätzen, Dissertationen und Fachbüchern.

Einsendeaufgabe

Modul: Persönlichkeitspsychologie

Alternative A

Versendet am (Poststempel): 29.09.2017

SRH Fernhochschule Riedlingen

Vanessa Jaschner

Studiengang: Wirtschaftspsychologie

Inhaltsverzeichnis

Abbildungsverzeichnis

Abkürzungsverzeichnis

AC =	Assessment Center
BIS =	Berliner Intelligenzstruktur Test
bzw. =	beziehungsweise
d.h. =	das heißt
IQ =	Intelligenzquotient
sog.=	sogenannt
SS =	Sensation Seeking
SSS =	Sensation Seeking Scale
STAI =	State-Trait Angstinventar
z.B. =	zum Beispiel
lt. =	laut, gemäß

A1: „Sensation Seeking" nach Zuckermann

Extremsportarten sind im Trend. Immer mehr Menschen suchen den Adrenalinkick, indem sie sich waghalsig auf einem Mountainbike steile Hänge hinunterstürzen oder sich mit einem Gleitschirm in den Lüften treiben lassen. Dabei nehmen diese Menschen das Risiko schwerer Unfälle bzw. manchmal sogar den Tod in Kauf.

Die Frage, was Menschen antreibt riskante Unternehmungen auszuüben, hat erstmals Marvin Zuckermann zu Beginn der 60er Jahre untersucht. Zuckermann begründet den Hang zu Extremen mit einer Verhaltensdisposition, welche bis zu 60 Prozent genetisch bedingt ist.[1] Lt. Zuckerman hat jeder Mensch ein für sich optimales Erregungsniveau bei welchem er sich wohl fühlt. Dieses beschreibt den ausgeglichenen Zustand zwischen Langeweile und Überstimulation. Bei Menschen mit einer hohen Ausprägung in der Persönlichkeitseigenschaft „Sensation Seeking", ist das Bedürfnis nach Erregung, im Vergleich zu anderen Menschen erhöht. Zuckerman beschreibt diese Eigenschaft, wie folgt: **"Sensation seeking is a trait defined by the seeking of varied, novel, complex, and intense sensations and experiences, and the willingness to take physical, social, legal, and financial risks for the sake of such experience"**[2]. Damit ist gemeint, dass Sensation Seeking ein relativ stabiles Persönlichkeitsmerkmal ist, welches durch die Verhaltenstendenz, physische, psychische oder soziale Risiken einzugehen, charakterisiert ist. High Sensation Seekers können als Reizsuchende bezeichnet werden. Ihr genetisch vorhandenes Erregungslevel ist im Vergleich zu anderen Menschen relativ niedrig und wird durch das Erleben und Erfahren neuer und intensiver Eindrücke, Erfahrungen und Situationen der Außenwelt erhöht. Dafür sind High Sensation Seekers bereit weitereichende Risiken in Kauf zu nehmen.
Im Gegensatz dazu ist das genetisch terminierte Erregungslevel bei Low Sensation Seekers (Risikovermeidern) viel höher, so dass nur eine geringe Stimulation von außen notwendig ist, um das optimale Erregungslevel zu

---

[1] Vgl. Becker B. Prof. (2014), S. 68
[2] Zuckerman (2008), S. 49

erreichen.[3] Dieses Konzept des optimalen Erregungslevels (OLA) steht bei Zuckermann im Mittelpunkt seiner Überlegungen. Es ist abhängig von den individuellen Lebenserfahrungen, dem Alter und dem Geschlecht. Dabei kann diese Stimulation aus verschiedenen Bereichen kommen und muss nicht ausschließlich aus dem Bereich der Extremsportarten sein.

1.1. Die „Sensation Seeking Scale"

Die Messung der Ausprägung der Persönlichkeitseigenschaft „Sensation Seeking" erfolgt durch die Sensation Seeking Scale (SSS). Dieses Erhebungsinstrument ist in vier verschiedene Dimensionen aufgeteilt. Durch das Abfragen von Verhaltenstendenzen auf Reizreaktionen, wird der Grad des optimalen Erregungsniveaus bestimmt. Die Sensation Seeking Scale wurde seit den ersten Erfassungen mehrmals durch Zuckerman überarbeitet und in weitere Unterbereiche der Persönlichkeitsausprägung unterteilt. Diese sind im Folgenden dargestellt:

<u>Suche nach Gefahr und Abenteuer / Thrill and Adventure Seeking (TAS)</u>
Diese Facette beschreibt das Verlangen, Reizbefriedigung durch Ausübung ungewöhnlicher physischer Aktivitäten oder Erfahrungen zu erlangen. Als Beispiel können hier Extremsportarten wie Klettern oder Tauchen genannt werden. Die Kennzeichnung dieser Aktivitäten als „extrem" geht mit dem Risiko einher, welches die Ausübung dieser Sportarten mit sich bringt. Wobei es nicht das Risiko an sich ist, welches auf die High Sensation Seekers motivierend wirkt, sondern das belohnende Gefühl sich über das Risiko hinweg gesetzt zu haben. Low Sensation Seekers werden von dem Risiko gefährlicher Aktivitäten, eher abgeschreckt.

<u>Erfahrungssuche / Experience Seeking (ES)</u>
Sensation Seekers der Dimension der ES empfinden Erregung durch kognitive Stimulation und Erfahrungen durch Sinneseindrücke. Musik, Kunst und Reisen

---

[3] Vgl. Becker B. Prof. (2014), S. 69

können solche Stimuli liefern, aber auch nicht-gesellschaftskonforme Lebenseinstellungen, wie zum Beispiel die Hippie–Bewegung in den 70ern oder die Punk-Generation der 80er Jahre lassen sich hier als Beispiel dieser Ausprägung nennen.

Enthemmung im Verhalten / Disinhibition (DIS)

„Disinhibition" beschreibt die Stimulationssuche im Sozialleben. Sie ist die älteste Form von Sensation Seeking und hat durch die Manifestierung von Karneval oder Festivitäten im alten Rom gesellschaftliche Akzeptanz gefunden. High Sensation Seekers dieser Dimension, sind oft durch einen hedonistischen Lebensstil gekennzeichnet. Zum Beispiel durch wilde Partys, außergewöhnliche Sexpraktiken, erhöhten Alkoholkonsum und/oder Drogenkonsum. Aber auch das Rauchen kann als eine abgeschwächte Form zur Sensation Seekers Ausprägung der DIS Dimension gezählt werden.

Empfänglich für Langeweile / Boredom Susceptibility (BS)

BS beschreibt eine Aversion gegen jede Art von Monotonie oder Wiederholung. Personen mit hohen Werten im Bereich der BS- Merkmalsausprägung sind schnell gelangweilt und bleiben nicht lange bei einer Sache. Im Beruf sind zum Beispiel viele Jobwechsel zu beobachten. Im Privatleben dieser Personen kann oft beobachtet werden, dass diese Personen viele neue Hobbies ausprobieren und erlernen, aber sobald eine Tätigkeit beherrscht wird, wieder eine neue Herausforderung gesucht wird. In Bezug auf zwischenmenschliche Beziehungen empfinden High Sensation Seekers der Dimension BS, Mitmenschen , oft als langweilig, wenn sie zwar zuverlässig, aber nicht interessant oder aufregend sind. [4]

1.2. High Sensation Seekers

Bei High Sensation Seekers lassen sich einige biologische Unterschiede im Vergleich zu anderen Menschen beobachten. Während bei Low Sensation

---

[4] Vgl. Zuckerman (2008), S. 13

Seekern schon bei einem geringen Stimulus der Herzschlag steigt, sinkt dieser bei High Sensation Seekers eher ab. Ein weiterer Unterschied lässt sich bei der Bewertung von Reizen feststellen. Mittels der funktionellen Magnetresonanztomografie (fMRT) wurde das Gehirn von High Sensation Seekers der ersten Dimension (Gefahr und Abenteuer) untersucht. Dabei wurde festgestellt, dass das belohnende Gefühl des Erlebnisses höher bewertet wird als das des Risikos an sich.

High Sensation Seekers brauchen zum Erleben von Glücksgefühlen eine stärkere Stimulation von außen, was mitunter in einer schlechten Weiterleitung des Dopaminsignals begründet ist und genetisch bedingt ist. Ein Allel des Dopamin-D4-Rezeptors, welches für schlechtere Signalweiterleitung bekannt ist, kommt bei Sensation Seekern besonders oft vor.[5] Aus diesen Gründen ist es nachvollziehbar, warum High Sensation Seekers eine größere Risikobereitschaft aufweisen, als andere Personen. Sie fahren zum Beispiel gerne schnell Auto oder üben, wie bereits erwähnt, Extremsportarten wie Fallschirmspringen oder Klettern aus. Des Weiteren lässt sich vor diesem Hintergrund auch erklären, warum Sensation Seekers schneller gelangweilt sind, da bei diesen Personen der Dopaminspiegel niedriger ist und dadurch immer wieder ein Input von außen erfolgen muss. Diese genetische Disposition kann bei Sensation Seekers auch in einer größeren Empfänglichkeit für Drogen oder Alkohol münden.

1.3. Nutzen des SS- Konzepts für die Gesundheitsprävention

Das Wissen um das Konzept des Sensation Seeking kann bei der Gesundheitsprävention von großem Nutzen sein. In Bezug auf das Rauchen kann erklärt werden, warum Menschen überhaupt mit dem Rauchen beginnen und welche Rolle dabei die genetischen Dispositionen des Sensation Seekings, bzw. welche Rolle Umwelteinflüsse auf das Rauchverhalten haben.[6]

Das Rauchen gehört zu den gesellschaftlich unauffälligen Risikoverhalten. Dennoch ist allgemein bekannt, dass das Rauchen große gesundheitliche

---

[5] Vgl. Heymann J. (07.07.2017), http://www.spektrum.de
[6] Vgl. Gerrig/Zimbardo/Graf (2011), 489 - f.

Risiken mit sich bringt, sogar in vielen Fällen zum Tod führt. 2012 veröffentlichte die American Cancer Society WLF eine Studie zu den Anteilen der weltweiten Todesfälle infolge von Tabakkonsum. Die Ergebnisse der Studie belegen, dass im Jahr 2011, 15% der Todesfälle bei Männern und 7% der Todesfälle bei Frauen, auf Folgen des Rauchens zurückzuführen waren.[7]

Trotz dieser abschreckenden Fakten gehört das Rauchen (zusammen mit dem Konsum von Alkohol) zu dem am meistverbreiteten gesundheitsbezogenem Risikoverhalten in Deutschland.[8]

Die Gesundheitspsychologie und insbesondere die Gesundheitsprävention beschäftigt sich deshalb mit den Fragen, warum Menschen überhaupt anfangen zu Rauchen und wie beim Aufhören unterstützt werden kann.

Bei unterschiedlichen Studien konnte dabei eine hohe Übereinstimmung zwischen der Sensation Seeking Ausprägung und dem Rauchverhalten gefunden werden.[9] In einer Langzeitstudie verglich man z.B. die in den 60er Jahren erhobene Persönlichkeitseinschätzungen ausgewählter Testpersonen beiden Geschlechts, mit ihrem späteren Rauchverhalten (Raucher oder Nichtraucher) in den 80er Jahren. Dabei konnte festgestellt werden, dass Personen, die in den 60er Jahren als Sensationssuchende beschrieben wurden, mit hoher Wahrscheinlichkeit 20 Jahre später rauchten. Als eine Erkenntnis aus dieser Studie haben sich Gesundheitspsychologen zur Aufgabe gemacht, bereits den Beginn des Rauchens für Sensation Seekers unattraktiv zu machen, indem Sie das Image des Rauchens in eine „uncoole Aktivität" wandeln.[10]

A2: Eigenschaften, Zustände und Gewohnheiten

Schon seit Aristoteles wurde durch die jeweiligen Forscher und Denker seiner Zeit versucht, menschliches Verhalten vorherzusagen, indem unterschiedlichen Personen bestimmte Persönlichkeitseigenschaften zugeordnet wurden.

---

[7] Vgl. The Tobacco Atlas (08.07.2017), http://de.statista.com
[8] Vgl. Roth/Hammelstein (2003), S. 143
[9] Vgl. Roth/Hammelstein (2003), S. 144
[10] Vgl. Gerrig/Zimbardo/Graf (2011), 489

Die heutige Differentielle Psychologie beschäftigt sich eben mit dieser Erforschung des menschlichen Verhaltens und der Persönlichkeit. So werden interindividuelle Differenzen zwischen Individuen in Bezug auf kognitive, verhaltensbezogene und emotionale Aspekte hin erfasst.

Eigenschaften werden in der Differentiellen Psychologie (engl.: traits) als grundlegende Einheiten der Persönlichkeit beschrieben, welche zeit- und situationsbeständig auftreten. D.h., dass eine hohe Ausprägung eines bestimmten Merkmals in verschiedenen Lebenssituation unterschiedlich stark zum Ausdruck kommt, der Kern des Verhaltens aber über die verschiedenen Situationen hinweg stabil bleibt. So ist eine extrovertierte Person, die eine Vorlesung für ihr Studium besucht, zwar weniger gesellig als wenn sie sich auf einer Party befinden würde, dennoch ist sie auch in der Vorlesungssituation aufgeschlossener als eine an sich introvertierte Person. Persönlichkeitseigenschaften repräsentieren demnach ein Kontinuum, in welcher sich die Ausprägung für bestimmte Verhaltensweisen bewegen.[11] Diese beiden Annahmen der Zeit- und Situationsbeständigkeit bilden die Basis der Theorie der Persönlichkeitseigenschaften.[12]

Die Theorie der Persönlichkeitseigenschaft kann somit das alltägliche Verständnis um das menschliche Verhalten vereinfachen, dennoch scheint es fast unmöglich anhand von Persönlichkeitseigenschaften vorherzusagen, wie sich eine Person in bestimmten Situationen verhält.[13]

Diese Einschränkung erkannte erstmals der Psychologe Gordon Allport (1897 - 1967). Lt. Allport bilden die Persönlichkeitseigenschaften den konsistenten Teil des menschlichen Verhaltens, welcher allerdings durch einen variablen und situativ bedingten Teil ergänzt wird.[14] Diese s.g. **Zustände** (engl.: states), sind im Gegensatz zu den Persönlichkeits**eigenschaften** nicht zeitlich stabil, sondern treten situativ auf.

In seinem universellen Ansatz unterscheidet Allport zwischen drei verschiedenen Hierarchien der Persönlichkeitseigenschaften. Die höchste Ebene ist die der **cardinal traits**. Diese Eigenschaften dominieren die Persönlichkeit und haben den größten Einfluss auf das Verhalten. Die

---

[11] Vgl. Maltby/Day/Macaskill (2011), S. 293
[12] Vgl. Maltby/Day/Macaskill (2011), S. 292
[13] Vgl. Maltby/Day/Macaskill (2011), S. 297
[14] Ebenda

zentralen Eigenschaften, bilden die zweite Ebene und liefern die Beschreibung einer Person. Die **sekundären Eigenschaften**, bilden die unterste Ebene der Persönlichkeitseigenschaften und liefern die situativ variierenden Präferenzen.[15]

Bei der Beschreibung von Persönlichkeiten aufgrund von beobachtetem Verhalten ist des Weiteren wichtig zwischen Gewohnheiten von Eigenschaften zu unterscheiden. **Verhaltensgewohnheiten (engl. habits)** sind im Gegensatz zu Persönlichkeitseigenschaften oder Zuständen erlernte Verhaltensweisen, die automatisch ablaufen. Sie entstehen durch wiederholte Reaktionen auf bestimmte Reize und manifestieren sich dann im Verhaltensrepertoire. Die wiederholte gleiche Reaktion stabilisiert den Lernprozess.[16]

Alltagspsychologisch wird oft intuitiv von beobachtetem Verhalten auf Charaktereigenschaften geschlossen. Allerdings spiegeln einmalig beobachtete Situationen keine Persönlichkeitseigenschaften per se wider. Um auf tatsächliche Charakterzüge zu schließen ist eine langfristige Beobachtung notwendig, welche gleiche oder ähnliche Reaktionen in unterschiedlichen Situationen belegt, zugleich allerdings keine habituierte Verhaltensweise darstellt.

2.1. State-Trait- Debatte an einem Alltagsbeispiel

Der Persönlichkeitspsychologe Walter Mischel löste mit der Veröffentlichung seiner Arbeit „Personality and Assessments im Jahr 1968, die „Person-Situations-Debatte" aus. Darin kritisierte er die geringe Konsistenz von menschlichem Verhalten mittels des Trait-Ansatzes. Wie Allport forderte auch Mischel eine stärkere Berücksichtigung sozial-kognitiver Personenvariablen, um interindividuelle Unterschiede im Verhalten zu beschreiben. So haben nach Mischel, neben den intrinsischen Faktoren wie die eigene Wahrnehmung und Bewertung der Situation, den eigenen Überzeugungen, Verhaltenserwartungen

---

[15] Vgl. Maltby/Day/Macaskill (2011), S. 299
[16] Vgl. Zeug K. (2013), http://www.zeit.de (11.07.2017)

und Zielen, auch externe Faktoren, wie zum Beispiel Reaktionen von Mitmenschen, einen Einfluss auf das resultierende Verhalten.[17]

Das Ausmaß an situativen Einflussfaktoren auf das Verhalten soll an folgendem Alltagsbeispiel verdeutlicht werden:

Frau Schneider ist verheiratet und hat zwei kleine Kinder. Sie arbeitet Teilzeit in der Stadtverwaltung. Frau Schneider wird von Ihrer Umgebung als hilfsbereit und freundlich beschrieben. Eines Morgens allerdings, nachdem Frau Schneider ihre Kinder in den Kindergarten gebracht hat und gerade zur Arbeit kommt, erreicht Sie einen Anruf, dass eines Ihrer Kinder krank sei und deswegen abgeholt werden müsse. Frau Schneider vertraut darauf, dass Ihre Kollegin, die an diesem Tag wohl etwas später kommt, sie vertritt und verlässt daraufhin ihren Arbeitsplatz. Auf dem Weg in den Kindergarten kommt Sie in einen Stau. Entsprechend gereizt reagiert die Kindergärtnerin, als Frau Schneider endlich eintrifft. Kleinlaut versucht Frau Schneider sich zu entschuldigen. Auf dem Weg zum Kinderarzt kommt Sie erneut in den Berufsverkehr. Während das Kind hinten im Auto weint, versucht Fr. Schneider beim Arzt anzurufen, erreicht aber niemanden. Auf einmal gibt es einen lauten Knall und Fr. Schneider ist dem Vordermann ins Heck gefahren. Obwohl Frau Schneider die volle Schuld zugibt, möchte der Unfallgegner die Polizei dazu ziehen. Während die beiden Unfallbeteiligten warten beginnt es zu regnen und das kranke Kind murmelt etwas davon, dass ihm schlecht sei. Nachdem das Kind am Straßenrand erbrochen hat und die Polizei den Schaden aufgenommen hat, kann Fr. Schneider endlich weiter zum Kinderarzt. Als sie dort im Wartezimmer sitzt, bekommt sie einen Anruf von Ihrem Chef, der wütend ist, dass niemand im Büro das Telefon beantwortet. Fr. Schneider entschuldigt sich und verweist auf Ihre Kollegin, woraufhin der Chef Ihr entgegnet, dass diese doch bereits seit Wochen angekündigt hatte, an diesem Tag frei zu haben. Fr. Schneider hatte daran nicht mehr gedacht. Als Fr. Schneider an diesem Tag endlich zu Hause ankommt, ist Sie den Tränen nahe. In diesem Moment geht die Tür auf und Ihr Mann kommt, in Begleitung weiterer Personen herein. Entsetzt springt Fr. Schneider auf. Das Abendessen mit den

---

[17] *Vgl. Maltby/Day/Macaskill (2011), S. 179*

Kollegen Ihres Mannes! Sie hatte es total vergessen. Als Ihr Mann Sie fragt: „Schatz, wo ist denn das Abendessen für meine Kollegen und mich?" bricht Frau Schneider in Tränen aus. Und entgegnet: „Immer geht es nur um dich, was ich hier alles machen muss kümmert dich doch überhaupt nicht!" Die Kollegen Ihres Mannes beschreiben Frau Schneider später als zickig und unfreundlich.

Anhand dieser Alltagssituation wird deutlich, dass obwohl Frau Schneider eigentlich als eine freundliche und hilfsbereite Person beschrieben wird, bestimmte situative Umstände dazu führen können, dass auch eine an sich ruhige Person gereizt oder verletzt reagieren kann. Weswegen auch die Rückschlüsse der Kollegen von H. Schneider „Frau Schneider sei eine unfreundlich und zickige Person" durch das einmalig beobachtete Verhalten von Frau Schneider nicht ausreichend sind. Die situativen Einflussfaktoren wie: das kranke Kind, der Stau, der verärgerte Chef und der Unfall müssen bei der Erklärung des Verhaltens von Frau Schneider berücksichtigt werden. Ebenso lässt sich nicht grundsätzlich behaupten Frau Schneider sei eine unzuverlässige Person, weil sie ihren Arbeitsplatz ohne weitere Absprache verlassen hat, da die Gewohnheit sie dazu bewegte anzunehmen, Ihre Kollegin würde für sie einspringen. Es ist deutlich erkennbar, dass sowohl situative Zustände als auch Gewohnheiten einen großen Einfluss auf das Verhalten haben.

Walter Mischel selbst revidierte jedoch seine Überlegung der transsituativen Konsistenz im Jahre 1994, indem er in einer Studie zeigte, dass trotz niedriger transsituativer Konsistenz zeitstabile individuelle Situationsprofile bestehen können, die als zeitstabile Eigenschaften aufgefasst werden können.[18]

Im eben beschrieben Alltagsbeispiel ist dies dadurch ersichtlich, dass Frau Schneider, bzgl. der Situation mit Ihrem Mann und den Arbeitskollegen zwar zickig und überfordert reagiert, aber da sie an sich eine eher ruhigere Person ist, wird sie auch in dieser Situation nicht laut oder ausfallend, wie dies ggf. bei einer Person mit dem Persönlichkeitsmerkmal des Neurotizismus gewesen wäre.

---

[18] Vgl. Asendorpf (2009), S. 18

In der heutigen Wissenschaft spielt die Konsistenzdebatte kaum noch eine Rolle.

2.2. Eigenschaften, Zustände und Gewohnheiten bei Assessment Center

Die Unterscheidung zwischen Persönlichkeitseigenschaften, Zuständen und Gewohnheiten muss auch bei der Personalauswahl mittels Assessment Center (AC) berücksichtigt werden. Assessment Center sind simulationsorientierte Auswahlverfahren, bei welchen die Eignung der späteren Arbeitstätigkeit, insbesondere sozialer Kompetenzen, beobachtet wird. Solche Verhaltensübungen beinhalten zum Beispiel Präsentationsübungen oder Gruppendiskussionen. Es können aber auch Intelligenz- Leistungs- und Selbstbeurteilungen der Persönlichkeit bei AC vorgenommen werden. Es wird dabei unterstellt, dass durch das Beobachten von momentanen Eigenschaften wie z.B. Extraversion, Durchsetzungsfähigkeit und Selbstdisziplin auf zukünftige arbeitsrelevante Fähigkeiten geschlossen werden kann.[19]

Allerdings muss beachtet werden, dass sich Bewerber in Assessment Center Situationen in einer akuten Prüfungssituation befinden, was zum Beispiel eine momentane Zustandsangst und Nervosität hervorrufen kann. Dies ist jedoch nicht zu verwechseln mit einer grundlegenden ängstlichen Persönlichkeitseigenschaft, sondern sollte der Situation zugeschrieben werden. Deswegen ist es wichtig, lediglich Eigenschaften zu prüfen, die eine gewisse zeitliche Stabilität aufweisen. Diffuse Merkmale wie zum Beispiel Nervosität oder Kommunikationsfähigkeit sind nicht geeignet, in einem AC getestet zu werden und können nur schwer verlässliche Aussagen zur intersituativen Stabilität von Verhaltensweisen machen.

---

[19] *Vgl. Nerdinger/Blickle/Schaper (2014), S. 244*

A3: Intelligenz

Was ist eigentlich Intelligenz? Der Begriff der Intelligenz ist einer der wenigen Begriffe, der es von der Wissenschaft in das allgemeine Kulturgut geschafft hat und außerdem eines der am meisten untersuchten Persönlichkeitsmerkmale.[20] Jeder möchte so intelligent wie möglich sein, da Intelligenz heutzutage als Voraussetzung für Ansehen und Wohlstand gesehen wird. So werden im Alltagsgebrauch Personen als intelligenter oder weniger intelligent beschrieben. Aber was genau ist dabei eigentlich mit Intelligenz gemeint? Bis heute sind sich Wissenschaftler über eine allgemeingültige Verwendung des Begriffs der Intelligenz nicht einig.

Der Begriff der Intelligenz stammt von dem lateinischen Wort "intellegere" ab und bedeutet so viel wie "verstehen". Somit leitet schon die Wortherkunft zu einer "schnelle Auffassungsgabe" hin.[21] Die heutzutage gängigste Interpretation von Intelligenz in der westlichen Welt, ist die Beschreibung der Intelligenz als **kognitive Leistungsfähigkeit.**[22]

Den ersten standardisierten Intelligenztest entwickelte Alfred Binet (1904) um die Schuleignung schwachbegabter Kinder zu identifizieren.

Die alltagsbezogenen Aufgaben prüften die Sprache, das Gedächtnis, das Denken und die Psychophysik und waren so konzipiert, dass sie im Schwierigkeitsgrad anstiegen. So konnten stetig weniger Kinder die Aufgaben bewältigen. Indem jedem Ergebnis ein Messwert zugeordnet wurde, konnte das geistige Alter der Kinder identifiziert werden. Konnte es zum Beispiel Aufgaben eines Siebenjährigen lösen, entsprach es dem geistigen Alter eines Siebenjährigen. Intelligenz zeigte sich dabei als ein Kontinuum, dass mehr oder weniger vorhanden ist. Später entwickelte Binet aus diesen Aufgaben den Binet-Simon-Intelligenztest.[23]

Der Psychologe William Stern (1912) prägte den Begriff des Intelligenzquotienten (IQ). Ihm wurden durch Binets Arbeiten ersichtlich, dass das geistige Alter von Kindern entsprechend proportional zu ihrem realen Alter variierte. Es konnte beobachtet werden, dass ein Kind im Alter von sechs

---

[20] Vgl. Asendorpf (2009), S. 75
[21] Vgl. Hillmann L. (2016), http://www.tagesspiegel.de (19.07.2107)
[22] Vgl. Becker B. Prof. (2014), S. 93
[23] Vgl. Maltby/Day/Macaskill (2011), S. 502

Jahren, welches ein geistiges Alter von fünf erreicht hatte, im Alter von acht Jahre, bei einem geistigen Alter von sechs war. Der Unterschied zwischen geistigem und realem Alter stieg also mit dem Alter an. So entdeckte Stern den Intelligenzquotienten, indem er das geistige Alter durch das reale Alter dividierte.[24]

Definition des Intelligenzquotienten: $\left(\dfrac{\text{geistiges Alter}}{\text{reales Alter}} \right)$ X 100   [25]

Der heutige IQ geht allerdings auf Wechsler (1939) zurück. Ihm fiel auf, dass die Intelligenz im Kindesalter zwar exponentiell zunimmt, im Erwachsenenalter allerdings stagniert. Indem er das Testergebnis durch den zu erwartenden Durchschnitt derselben Altersgruppe teilte, konnte er eine Lösung für dieses Problem finden und definierte den IQ somit neu.[26] Die noch heute gültige Formel lautet:

$$\text{IQ} = \left(\frac{\text{erreichter Testwert}}{\text{erwarteter Testwert der Altersgruppe}} \right) \text{X } 100$$

Um eine große Datenmenge zu verarbeiten, griff Wechsler auf die Normalverteilung zurück und konnte so feststellen, dass 68% der Bevölkerung einen IQ zwischen 85 und 115 haben.

3.1. Hauptdimensionen der Intelligenz

Eine weitere Frage die sich bezüglich der Intelligenz stellt, ist die, ob Intelligenz als eine einzige zentrale Fähigkeit gesehen werden soll oder als eine Zusammensetzung unterschiedlicher Kompetenzen, welche in Kombination die Intelligenz ergeben.

Lt. dem Zwei-Faktoren Modell von Spearman setzt sich die Intelligenz aus zwei Faktoren zusammen: Dem „g-Faktor" und dem „s-Faktor". Der g-Faktor bildet eine allgemeine Intelligenz, welche verschiedene kognitive Fähigkeiten miteinander verbindet und somit eine gemeinsame Ressource bildet. Des

---

[24] *Vgl. Maltby/Day/Macaskill (2011), S. 506*
[25] *Vgl. Maltby/Day/Macaskill (2011), S. 506*
[26] *Vgl. Maltby/Day/Macaskill (2011), S. 516*

Weiteren postuliert Spearman die Existenz weiterer, untergeordneter Intelligenzen, welche er als spezifische Fähigkeiten oder „s-Faktoren" bezeichnet. Als Beispiel können hier mathematische Fähigkeiten oder ausgeprägte sprachliche Begabung genannt werden.[27] Diese Theorie einer Grundintelligenz mit welcher jeder Mensch mehr oder weniger ausgestattet ist, beeinflusste viele spätere Entwicklungen zu Testverfahren, wie zum Beispiel den HAWIK- R Intelligenztest (Hamburg- Wechsler-Intelligenztest für Kinder).

Während beim hierarchischen Modell von Spearman die Grundintelligenz allen anderen spezifischen Intelligenzen zugrunde liegt, beschreibt das Primärfaktorenmodell von Louis Thurstone Intelligenz als eine Zusammensetzung einzelner, bereichsspezifischer Intelligenzen, welche in Kombination die Grundintelligenzen darstellen. Diese Grundintelligenzen sind nach Thurstone: Wortflüssigkeit, räumliches Vorstellungsvermögen, Wahrnehmungs- und Auffassungsgeschwindigkeit, rechnerisch-mathematische Fähigkeiten, assoziatives Gedächtnis und schlussfolgerndes Denken. Nach Thurstones Forschungen müsste man also von sieben Intelligenzen ausgehen. Sein Primärfaktorenmodell wird deswegen auch zu den multifaktoriellen Ansätzen der Intelligenzforschung gezählt.[28]

Berliner Intelligenzstrukturmodell von Jäger (1984)

Für die Intelligenzforschung im deutschsprachigen Raum ist dieses Modell von großer Wichtigkeit, da es die Unterschiede zwischen den vorhergegangenen Modellen von Spaerman und Thurstone in einem gesamthaften Ansatz vereint.[29]

Jäger ging ebenso wie Spearman von einem g-Faktor aus, teilte diesen allerdings in den Strukturbereich der Operationen und den Bereich der Inhalte.

Den Inhalten sowie den Operationen ordnet Jäger, weitere spezifische Fähigkeiten unter, welche er mittels Faktoranalyse extrahierte. Numerische (N), verbale (V), sowie figural-bildhafte (F) Aspekte zählt Jäger zu den Denkinhalten. Bearbeitungsgeschwindigkeit, Gedächtnis, Einfallsreichtum und

---

[27] Vgl. Maltby/Day/Macaskill (2011), S. 509
[28] Vgl. Maltby/Day/Macaskill (2011), S. 521
[29] Vgl. Maltby/Day/Macaskill (2011), S. 528

Verarbeitungskapazität werden durch kognitive Denkoperationen bestimmt.[30] Sie bilden die **Hauptdimensionen** der Intelligenz und stehen, wie im Folgenden dargestellt, in bimodaler Verbindung zueinander:

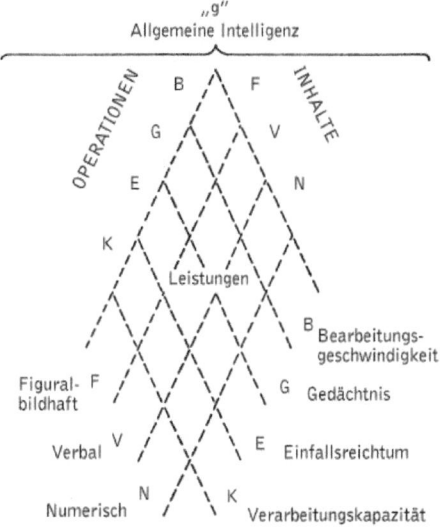

Abbildung 1: Grafische Darstellung BIS [31]

Das Berliner Intelligenzstrukturmodell beinhaltet sowohl die Theorie der Grundintelligenz als auch die bimodale Verbindung zwischen Denkinhalten und kognitiven Operationen.[32] Es kann als integratives Modell betrachtet werden, da es entsprechend der Hauptdimensionen auf unterschiedliche Intelligenzmodelle verweist. Zum Beispiel finden sich die Testaufgaben für **„figural-bildhaftes Denken (F)"** im HAWIK-R (Hamburger-Intelligenztest für Kinder) wieder. Dabei wird die visuelle Auffassungsgabe getestet. Aber auch **„verbales Denken (V)"** und Aufgaben zur **Verarbeitungskapazität** finden sich in entsprechenden Subtests des HAWIK-R wieder. Unter der Dimension der **Bearbeitungsgeschwindigkeit** versteht Jäger die individuelle Motivationskraft und Tempomotivation. Diese zeigt sich vor allem in leichten Routineaufgaben, die eine hohe Konzentration und ein schnelles Verständnis erfordern. Die

---

[30] Ebenda
[31] Vgl. Becker B. Prof. (2014), S. 101
[32] Vgl.Maltby/Day/Macaskill (2011), S. 528

Dimension des „**numerischen Denkens (N)**, welche in Verbindung mit einer hohen Affinität zu Zahlen im Allgemeinen beschrieben werden kann, weisst Ähnlichkeiten zu Thurstones „Number-Faktor" auf. [33] **Einfallsreichtum und Produktivität**, oft auch als Kreativität bezeichnet, findet in vielen anderen Intelligenzmodellen keine Erwähnung. Jäger integrierte diesen Aspekt durch s.g. Konsequenztests in sein Modell. Er testet diesen Faktor, indem aus unerwarteten Situationen, auf mögliche Folgen geschlossen werden muss. [34]

Das Berliner Intelligenzmodell konnte seine Gültigkeit kulturübergreifend, sowie für verschiedene Alters-, Geschlechts- und Bildungsgruppen beweisen. Auf der Grundlage dieses Berliner Intelligenzmodells wurde durch Jäger und Kollegen, der entsprechende Intelligenztest (BIS) entwickelt.

3.2. Modell der Multiplen Intelligenzen

Richard Gardner (Professor für Erziehungswissenschaften, Schwerpunkt pädagogische Psychologie) entwarf im Jahre 1983 das Modell der Multiplen Intelligenzen und schuf damit eine Kontroverse zu den gängigen Modellen der IQ Testung, die nicht unumstritten ist. Im Gegensatz zu den eindimensionalen Ansätzen der wissenschaftlichen Intelligenzforschung, die von einer Grundintelligenz ausgeht, beschreibt Gardners Modell der Multiplen Intelligenzen die Existenz von acht, voneinander unabhängig existierenden Intelligenzen, wobei auch nicht-kognitive Prozesse miteingeschlossen sind (z.B. emotionale Intelligenz). [35] Intelligenz ist nach Gardner die Vielzahl von Fähigkeiten und Kompetenzen, die benötigt werden, um Probleme zu lösen. Seinen Ansatz begründet er durch Beobachtung berühmter Personen, von Personen mit künstlerischer Begabung und von Menschen mit Hirnschädigungen. Psychometrische Messverfahren zur Bestimmung der Intelligenz lehnt Gardner mit der Begründung ab, dass diese sich nicht in die Bildungspraxis übertragen lassen. [36] Herkömmliche Intelligenztest erfassen lt. Gardner lediglich die Anpassungsfähigkeit eines Menschen an eine konstruierte

---

[33] Vgl. Becker B. Prof. (2014), S. 100
[34] Ebenda
[35] Vgl. Maltby/Day/Macaskill (2011), S. 534
[36] Vgl. Becker B. Prof. (2014), S. 104

Umwelt, die Anpassung an die jeweilige reale Situation würde dabei nicht berücksichtigt werden. Somit führen klassische Intelligenztests lt. Gardner zu einer eingeschränkten Fähigkeitsstruktur, wobei das Problemlösen als wichtiger Bestandteil der Intelligenz zwar anerkannt wird, nicht aber Fähigkeiten, die dazu benötigt werden konkrete Handlungen durchzuführen.[37] Nach der Theorie der Multiplen Intelligenzen besitzen Menschen unterschiedlich gut ausgeprägte Fähigkeiten, welche sie als Individuum einzigartig machen. Die acht Intelligenzen nach Gardner sind im Folgenden zur Veranschaulichung bildlich dargestellt:

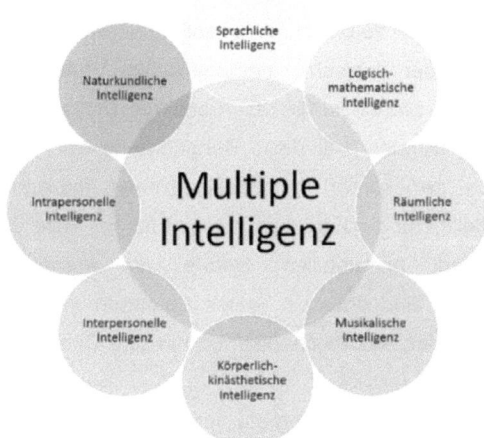

Abbildung 2: Multiple Intelligenzen, eigene Darstellung[38]

Im Vergleich zu klassischen Modellen beruht die Theorie von Gardner lediglich auf Beobachtungen und Schlussfolgerungen und ist nicht empirisch belegt. Einige der aufgezählten Intelligenzen finden sich bereits in Thurstones Theorien. Die größte Kritik an Gardners Modell der Multiplen Intelligenzen ist die Bezeichnung der „Intelligenzen" anstelle von Fertigkeiten oder Fähigkeiten.[39]

---

[37] *Vgl. Mietzel (1998), S. 254*
[38] *Vgl. Rauthmann (2016), S. 30*
[39] *Vgl. Wild/Möller (2015), S. 34*

3.3.   Multiple Intelligenzen und berufliche Tätigkeiten

In Bezug auf die berufliche Tätigkeit wird Intelligenz oft als Grundvoraussetzung gesehen. Allerdings ist dabei zu beachten, dass entsprechend der Tätigkeiten unterschiedliche Intelligenzen benötigt werden. Um dies zu verdeutlichen werden im Folgenden drei unterschiedliche Intelligenzen entsprechenden Tätigkeitsfeldern zugewiesen.

So ist es für Wissenschaftler oder Mathematiker sicherlich Grundvoraussetzung die Fähigkeit zu logischem Analysieren von Problemen und dem Bearbeiten von wissenschaftlichen Fragestellungen zu besitzen. Sie sollten deswegen eine hohe Ausprägung im Bereich der logisch- mathematischen Intelligenz aufweisen. Diese Intelligenz wäre allerdings für die Arbeit als Profisportler, Tänzer oder Schauspieler wenig hilfreich. Für diese Berufsgruppe wäre eine hohe Ausprägung im Bereich der körperlich- kinästhetischen Intelligenz vorteilhaft. Wobei bei dieser Intelligenz die Fähigkeit gemeint ist, mit Hilfe von körperlichem Einsatz ein Werk herzustellen. Berufe, die körperlich-kinästhetische Intelligenz erfordern sind über ein weites Spektrum gefächert und reichen vom Handwerker über den Automechaniker bis hin zum Chirurg.

Ein weiteres Beispiel für eine speziell ausgeprägte Intelligenz ist die der musikalischen Intelligenz. Gardner spricht dabei von einer Parallelen zur sprachlichen Intelligenz, die er nicht nur als Talent abtut. Die musikalische Intelligenz kommt sowohl beim Singen, Komponieren als auch beim
Spielen eines Instruments zum Einsatz. Die Berufe leiten sich entsprechend auf den musischen Bereich zurück.

3.4.   Intelligenztest bei der Personalauswahl

Unter Berücksichtigung der im vorherigen Kapitel genannten Beispiele ist die Problematik beim Einsatz klassischer Intelligenztests zur Personalauswahl leicht zu erkennen. Denn: **„Intelligenz ist das, was der Intelligenztest**

misst", so lautete eine Aussage des US-amerikanischen Experimentalpsychologen Edward Boring, 1923.

Die ersten drei, von Gardner beschriebenen Intelligenzen sind die sprachliche-linguistische Intelligenz, die logisch- mathematische Intelligenz und die bildlich-räumliche Intelligenz. Diese Intelligenzen finden sich auch in den klassischen Intelligenztests wieder. Da diese Fertigkeiten auf kognitive Prozesse beruhen, können sie mittels korrelierender Aufgaben leicht ermittelt werden. Dadurch ist der Einsatz von Intelligenztests für die Personalauswahl bei Mathematikern, Journalisten oder Piloten durchaus sinnvoll ist. Um die Auswertung aussagekräftig zu gestalten, sollte eine Gewichtung entsprechend der gewünschten Fähigkeiten vorgenommen werden.

Klassische Intelligenztests messen allerdings keine konkreten handlungsbezogenen Fähigkeiten, wie sie zum Beispiel bei einem Musiker oder einem Sportler verlangt sind. Persönlichkeitsmerkmale wie Ausdauer, Konzentration, Ehrgeiz, Energie, Gedächtnis, Motivation, Kreativität, Extro- und Introvertiertheit werden von klassischen Verfahren nicht erfasst.

Hier müssen weitere Verfahren entwickelt werden, um die entsprechende Eignung zu prüfen. So muss z.B. bei künstlerischen Berufen oft eine Mappe mit bereits angefertigten Arbeiten als Referenz zur Bewerbung beigelegt werden. Bei Musikern oder Schauspielern verläuft die Auswahl oft über s.g. Castings, bei welchen die Bewerber ein Musikstück vorspielen oder ein Theaterstück spontan inszenieren müssen. Den Verdienst den Gardner somit durch seine viel diskutierte Theorie erzielen konnte, ist die Verdeutlichung, dass der Mensch nicht ausschließlich auf seinen Intelligenzquotienten reduziert werden sollte.

Literaturverzeichnis

Asendorpf, J. B. (2009), Persönlichkeits-psychologie - für Bachelor, Berlin, Heidelberg.

Becker B. Prof. (2014), Grundlagen der Differentiellen und Persönlichkeitspsychologie. 1105-01, Studienbrief, SRH Fernhochschule, Riedlingen.

Gerrig, R. J./Zimbardo, P. G./Graf, R. (2011), Psychologie, 18. Aufl., München.

Maltby, J./Day, L./Macaskill, A. (2011), Differentielle Psychologie, Persönlichkeit und Intelligenz, 2. Aufl., München.

Mietzel, G. (1998), Pädagogische Psychologie des Lernens und Lehrens, 5. Aufl., Göttingen.

Nerdinger, F. W./Blickle, G./Schaper, N. (2014), Arbeits- und Organisationspsychologie. Mit 51 Tabellen, 3. Aufl., Berlin.

Rauthmann, J. F. (2016), Grundlagen der Differentiellen und Persönlichkeitspsychologie. Eine Übersicht für Psychologie-Studierende, Wiesbaden.

Roth, M./Hammelstein, P. (Hrsg.) (2003), Sensation Seeking. Konzeption, Diagnostik und Anwendung, Göttingen, Bern, Toronto, Seattle.

Wild, E./Möller, J. (2015), Pädagogische Psychologie, 2. Aufl., Berlin, Heidelberg, s.l.

Zuckerman, M. (2008), Sensation seeking and risky behavior, Washington, DC.

Internetquellen

Heymann J. (2013), Persönlichkeit. Faszination des Fürchtens, in:
http://www.spektrum.de/news/faszination-des-fuerchtens/1212239.

Hillmann L. (2016), Intelligentes Leben. Alltagskompetenz, Situationsschläue,
Persönlichkeitsmerkmal: Intelligenz hat viele Seiten - was sie ist und
warum sie uns menschlich macht., in:
http://www.tagesspiegel.de/themen/gehirn-und-nerven/gesund-leben-
intelligentes-leben/13410564.html.

The Tobacco Atlas (2012), http://de.statista.com, in:
http://de.statista.com/statistik/daten/studie/246654/umf%20rage/anteil-der-
todesfaelle-durch-tabakkonsum-nach-%20geschlecht , abgerufen am
8. 7. 2017.

Zeug K. (2013), Mach es anders! Psychologie, in: http://www.zeit.de/zeit-
wissen/2013/02/Psychologie-Gewohnheiten/komplettansicht , abgerufen
am 8. 7. 2017.